Min tospråklige bildebok
Mi libro ilustrado bilingüe
Sefas vakreste barnehistorier i ett bind

Ulrich Renz • Barbara Brinkmann:

Sov godt, lille ulv · Que duermas bien, pequeño lobo

For barn fra 2 år

Cornelia Haas • Ulrich Renz:

Min aller fineste drøm · Mi sueño más bonito

For barn fra 2 år

Ulrich Renz • Marc Robitzky:

De ville svanene · Los cisnes salvajes

Etter et eventyr av Hans Christian Andersen

For barn fra 5 år

© 2024 by Sefa Verlag Kirsten Bödeker, Lübeck, Germany. www.sefa-verlag.de

Special thanks to Paul Bödeker, Freiburg, Germany

All rights reserved.

ISBN: 9783756305131

Les · Lytt · Forstå

Oversettelse:

David Immanuel Glathe (norsk)

Anneli Landmesser (spansk)

Lydbok og video:

www.sefa-bilingual.com/bonus

Gratis tilgang med passordet:

norsk: **LWNO2324**

spansk: **LWES1428**

God natt, Tim! Vi fortsetter å lete i morgen.
Sov godt nå!

¡Buenas noches Tim! Seguiremos buscando mañana.
Ahora ¡que duermas bien!

Utenfor er det allerede mørkt.

Afuera ya ha oscurecido.

Hva holder Tim på med der?

¿Qué está haciendo Tim ahí?

Han går ut til lekeplassen.
Hva leter han etter?

Se está yendo al parque infantil.
¿Qué está buscando ahí?

Lille ulv!

Uten den kan han ikke sove.

¡El pequeño lobo!

No puede dormir sin él.

Hvem er det som kommer der?

¿Quién viene ahí?

Marie! Hun leter etter ballen sin.

¡Marie! Está buscando su pelota.

Og hva er det Tobi leter etter?

¿Y qué está buscando Tobi?

Gravemaskinen sin.

Su excavadora.

Og hva er det Nala leter etter?

¿Y qué está buscando Nala?

Dukken sin.

Su muñeca.

Burde ikke barna vært i seng?
Katten undrer seg.

¿No tienen que ir a dormir los niños?
El gato se sorprende mucho.

Hvem er det som kommer der?

¿Quién viene ahora?

Mammaen og pappaen til Tim!
De får ikke sove uten Tim-en sin.

¡La mamá y el papá de Tim!
Ellos no pueden dormir sin su Tim.

Og der kommer det enda flere! Marie sin pappa.
Tobis bestefar og Nala sin mamma.

¡Y ahí vienen aún más! El papá de Marie.
El abuelo de Tobi. Y la mamá de Nala.

Nå er det rett til sengs!

¡Ahora rápido a la cama!

God natt, Tim!
I morgen trenger vi ikke lete likevel.

¡Buenas noches Tim!
Mañana ya no tendremos que buscar más.

Sov godt, lille ulv!

¡Que duermas bien, pequeño lobo!

Cornelia Haas • Ulrich Renz

Min aller fineste drøm

Mi sueño más bonito

Oversettelse:

Werner Skalla, Jan Blomli, Petter Haaland Bergli (norsk)

Raquel Catala (spansk)

Lydbok og video:

www.sefa-bilingual.com/bonus

Gratis tilgang med passordet:

norsk: **BDNO2324**

spansk: **BDES1428**

Min aller fineste drøm
Mi sueño más bonito

Cornelia Haas · Ulrich Renz

norsk — tospråklig — spansk

Lulu får ikke sove. Alle andre drømmer allerede – haien, elefanten, den lille musa, dragen, kenguruen, ridderen, apen, piloten. Og løveungen. Til og med bamsen kan nesten ikke holde øynene åpne ...

Du bamse, kan du ta meg med inn i drømmen din?

Lulu no puede dormir. Todos los demás ya están soñando – el tiburón, el elefante, el ratoncito, el dragón, el canguro, el caballero, el mono, el piloto. Y el pequeño leoncito. Al osito también se le cierran casi los ojos ...

Oye osito, ¿me llevas contigo a tu sueño?

Og med det er Lulu allerede i bamsenes drømmeland. Bamsen fanger fisk i Tagayumisjøen. Og Lulu lurer på hvem som bor der oppe i trærne? Når drømmen er over, vil Lulu oppleve enda mer. Bli med, vi skal hilse på haien! Hva drømmer han om?

Y así está Lulu en el país de los sueños de los osos. El osito está pescando en el lago de Tagayumi. Y Lulu se pregunta, ¿quién vivirá arriba en los árboles?

Al terminar el sueño, Lulu quiere descubrir aún más cosas. ¡Ven conmigo, vamos a visitar al tiburón! ¿Qué estará soñando?

Haien leker sisten med fiskene. Endelig har han venner! Ingen er redde for de spisse tennene hans.

Når drømmen er over, vil Lulu oppleve enda mer. Bli med, vi skal hilse på elefanten! Hva drømmer han om?

El tiburón está jugando a perseguir a los peces. ¡Por fin tiene amigos! Nadie tiene miedo de sus dientes puntiagudos.

Al terminar el sueño, Lulu quiere descubrir aún más cosas. ¡Venid con nosotros, vamos a visitar al elefante! ¿Qué estará soñando?

Elefanten er lett som en fjær og kan fly! Snart lander han på skyene. Når drømmen er over, vil Lulu oppleve enda mer. Bli med, vi skal hilse på den lille musa! Hva drømmer hun om?

El elefante es tan ligero como una pluma y ¡puede volar! Está a punto de aterrizar en la pradera celestial.

Al terminar el sueño, Lulu quiere descubrir aún más cosas. ¡Venid con nosotros, vamos a visitar al ratoncito! ¿Qué estará soñando?

Den lille musa ser seg om på tivoli. Hun liker best berg- og dalbanen. Når drømmen er over, vil Lulu oppleve enda mer. Bli med, vi skal hilse på dragen! Hva drømmer han om?

El ratoncito está mirando la feria. Lo que más le gusta es la montaña rusa. Al terminar el sueño, Lulu quiere descubrir aún más cosas. ¡Venid con nosotros, vamos a visitar al dragón! ¿Qué estará soñando?

Dragen er tørst etter å ha sprutet ild. Helst vil han drikke opp hele sjøen med brus.

Når drømmen er over, vil Lulu oppleve enda mer. Bli med, vi skal hilse på kenguruen! Hva drømmer han om?

El dragón tiene sed de tanto escupir fuego. Le gustaría beberse todo el lago de limonada.

Al terminar el sueño, Lulu quiere descubrir aún más cosas. ¡Venid con nosotros, vamos a visitar al canguro! ¿Qué estará soñando?

Kenguruen hopper gjennom godterifabrikken og stapper pungen sin full. Enda flere av de blå dropsene! Og enda flere kjærlighet på pinne! Og sjokolade!

Når drømmen er over, vil Lulu oppleve enda mer. Bli med, vi skal hilse på ridderen! Hva drømmer han om?

El canguro salta por la fábrica de dulces y llena toda su bolsa. ¡Más de los caramelos azules! ¡Y más piruletas! ¡Y chocolate!

Al terminar el sueño, Lulu quiere descubrir aún más cosas. ¡Venid con nosotros, vamos a visitar al caballero! ¿Qué estará soñando?

Ridderen er i kakekrig mot drømmeprinsessen sin. Oi! Kremkaken bommer!

Når drømmen er over, vil Lulu oppleve enda mer. Bli med, vi skal hilse på apen! Hva drømmer han om?

El caballero está teniendo una pelea de pasteles con la princesa de sus sueños. ¡Oh, no! ¡El pastel de crema ha ido en la dirección equivocada! Al terminar el sueño, Lulu quiere descubrir aún más cosas. ¡Venid con nosotros, vamos a visitar al mono! ¿Qué estará soñando?

Endelig har snøen kommet til apelandet! Hele apegjengen er ute og gjør apestreker.

Når drømmen er over, vil Lulu oppleve enda mer. Bli med, vi skal hilse på piloten! I hvilken drøm har han landet?

¡Por fin ha nevado en el país de los monos! Toda la banda de monos se ha vuelto loca y está haciendo tonterías.

Al terminar el sueño, Lulu quiere descubrir aún más cosas. ¡Venid con nosotros, vamos a visitar al piloto! ¿En qué sueño habrá aterrizado?

Piloten flyr og flyr. Til verdens ende, og videre helt til stjernene. Ingen pilot har klart dette før ham.

Når drømmen er over, er alle veldig trøtte og vil ikke oppleve så mye mer. Men løveungen vil de likevel hilse på. Hva drømmer han om?

El piloto vuela y vuela. Hasta el fin del mundo y aún más allá, hasta las estrellas. Esto no lo ha conseguido ningún otro piloto.

Al terminar el sueño, están ya todos muy cansados y no desean descubrir mucho más. Pero aún quieren visitar al pequeño leoncito. ¿Qué estará soñando?

Løveungen har hjemlengsel og vil tilbake til den varme, deilige senga si. Det vil de andre også.

Og da begynner ...

El pequeño leoncito tiene nostalgia y quiere volver a su cálida y acogedora cama.
Y los demás también.

Y ahí empieza ...

... Lulus
aller fineste drøm.

... el sueño más bonito
de Lulu.

Ulrich Renz • Marc Robitzky

De ville svanene
Los cisnes salvajes

Oversettelse:

Ursula Johanna Aas (norsk)

Marcos Canedo, Anouk Bödeker (spansk)

Lydbok og video:

www.sefa-bilingual.com/bonus

Gratis tilgang med passordet:

norsk: **WSNO2324**

spansk: **WSES1428**

Ulrich Renz · Marc Robitzky

De ville svanene

Los cisnes salvajes

Etter et eventyr av

Hans Christian Andersen

norsk tospråklig spansk

Det var en gang tolv kongsbarn – elleve brødre og en storesøster. Hun het Elisa. De levde lykkelig i et vidunderlig slott.

Había una vez doce hijos de un rey – once hermanos y una hermana mayor, Elisa. Ellos vivían felices en un castillo hermoso.

En dag døde moren, og en stund senere giftet kongen seg på nytt. Men den nye konen var en ond heks. Hun forhekset de elleve prinsene til svaner og sendte dem langt av gårde, til et fjernt land på den andre siden av den store skogen.

Un día murió la madre y algún tiempo después, el rey se volvió a casar. Pero la nueva esposa era una bruja malvada. Convirtió a los once príncipes en cisnes y les mandó a un país muy lejano más allá del gran bosque.

Jenta kledde hun i filler og smurte ansiktet hennes inn med en stygg salve, slik at hennes egen far ikke lenger kjente henne igjen og jaget henne ut fra slottet. Elisa løp inn i den mørke skogen.

A la niña la vistió con harapos y le puso una crema fea en la cara, de manera que ni su propio padre la reconoció y la echó del castillo. Elisa corrió al bosque oscuro.

Nå var hun helt alene og lengtet av hele sitt hjerte etter sine forsvunne brødre. Da det ble kveld, lagde hun seg en seng av mose under trærne.

Ahora estaba más sola que nunca y añoró con toda el alma a sus hermanitos desaparecidos. Cuando anocheció, se hizo una cama de musgo bajo los árboles.

Neste morgen kom hun til en blikkstille innsjø og ble forskremt da hun så speilbildet sitt i vannet. Etter at hun hadde fått vasket seg, ble hun det vakreste kongsbarn på jorden.

A la mañana siguiente siguiente llegó a un lago de aguas tranquilas y se asustó cuando vió su imagen reflejada en el agua. Pero después de haberse lavado, fue la princesa más linda bajo el sol.

Etter mange dager kom hun fram til havet. På bølgene gynget elleve svanefjær.

Después de muchos días, Elisa llegó al gran mar. En las olas, once plumas de cisne se mecían.

Ved solnedgang kjentes et brus i luften, og elleve ville svaner landet på vannet. Elisa gjenkjente sine forheksede brødre med en gang. Men fordi de bare snakket svanespråket, kunne hun ikke forstå dem.

Cuando se puso el sol, hubo un murmullo en el aire y once cisnes salvajes aterrizaron sobre el agua. Elisa reconoció inmediatamente a sus hermanos embrujados. Pero como hablaban el idioma de cisnes, ella no les podía entender.

Om dagen fløy svanene bort, men om natten krøp alle søsknene tett sammen i en grotte.

En natt drømte Elisa noe merkelig: Moren hennes fortalte henne hvordan hun kunne befri brødrene sine. Av brennesle skulle hun strikke en skjorte til hver svane og kaste dem over dem. Men fram til da måtte hun ikke si et eneste ord, ellers ville brødrene hennes dø.
Elisa startet å arbeide med en gang. Selv om hendene hennes sved som ild, strikket hun iherdig videre.

De día los cisnes salían volando, de noche los hermanos y la hermana se acurrucaban los unos con los otros en una cueva.

Una noche, Elisa tuvo un sueño extraño: Su madre le dijo cómo podría liberar a sus hermanos. Tendría que tejer una camiseta de ortiga, una mala hierba con hojas punzantes, para cada uno de los cisnes y vestirles con ella. Pero hasta entonces no podría decir ni una palabra, de lo contrario sus hermanos morirían.
Elisa empezó de inmediato con su trabajo. Aunque sus manos le ardían como fuego, seguía tejiendo incansablemente.

En dag lød det jakthorn i det fjerne. En prins kom ridende med følget sitt, og om ikke lenge sto han foran henne. De ble forelsket i hverandre ved første blikk.

Un día sonaron cornetas de caza a lo lejos. Un príncipe llegó con su séquito y de pronto estuvo frente a ella. Cuando los dos se miraron a los ojos, se enamoraron.

Prinsen løftet Elisa opp på hesten sin og red med henne til slottet sitt.

El príncipe levantó a Elisa en su caballo y cabalgó con ella hasta su castillo.

Den mektige skattmesteren var ikke særlig begeistret for den tause skjønnhetens ankomst. Han hadde tenkt seg sin egen datter som brud for prinsen.

El poderoso tesorero estaba de todo menos contento con la llegada de la bella princesa silenciosa. Pues su propia hija debía ser la novia del principe.

Elisa hadde ikke glemt brødrene sine. Hver kveld jobbet hun videre med skjortene. En natt gikk hun ut på kirkegården for å hente frisk brennesle. Skattmesteren hold øye med henne i skjul.

Elisa no había olvidado a sus hermanitos. Cada noche seguía trabajando en las camisetas. Una noche se fue al cementerio para buscar ortigas frescas. En esto, el tesorero le observó en secreto.

Straks prinsen var på en jaktutflukt, kastet skattmesteren Elisa i en celle. Han påsto at hun var en heks, som møtte andre hekser om natten.

Tan pronto como el príncipe fue de cacería, el tesorero hizo meter en el calabozo a Elisa. Afirmó que era una bruja que se reunía con otras brujas por las noches.

I grålysningen neste morgen ble Elisa hentet av vaktene. Hun skulle bli brent på torget.

En la madrugada, Elisa fue recogida por los guardias. Debía ser quemada en la plaza principal.

Bålet brant allerede lystig da elleve svaner plutselig kom flygende. Fort kastet Elisa en skjorte over hver av dem. Snart sto alle brødrene foran henne, forvandlet tilbake som mennesker igjen. Bare den minste hadde en vinge istedenfor en arm siden skjorten hans ikke hadde blitt helt ferdig.

En cuanto llegó ahí, once cisnes blancos se acercaron volando. Rápidamente Elisa les lanzó las camisetas vistiendolos. De pronto todos sus hermanos se encontraban frente a ella en su forma humana. Solo el menor, cuya camiseta no estaba del todo terminada, se quedó con una ala en lugar de un brazo.

Mens søsknene klemte og kysset hverandre, kom prinsen tilbake. Endelig kunne Elisa forklare ham alt sammen. Prinsens lot den onde skattmesteren settes i fengsel. Deretter feiret de bryllup syv dager til ende.

Og er de ikke døde, så lever de ennå.

Las caricias y besos todavía no habían acabado cuando el principe regresó. Por fin Elisa le pudo explicar todo. El principe hizo meter en el calabozo al malvado tesorero. Y luego, se celebró la boda por siete días.

Y vivieron felices y comieron perdices.

Hans Christian Andersen

Hans Christian Andersen was born in the Danish city of Odense in 1805, and died in 1875 in Copenhagen. He gained world fame with his literary fairy-tales such as „The Little Mermaid", „The Emperor's New Clothes" and „The Ugly Duckling". The tale at hand, „The Wild Swans", was first published in 1838. It has been translated into more than one hundred languages and adapted for a wide range of media including theater, film and musical.

Barbara Brinkmann ble født i München i 1969 og vokste opp ved foten av de bayerske Alpene. Hun studerte arkitektur i München og er for tiden forskningsassistent. Hun frilanser som grafisk designer, illustratør og forfatter.

Cornelia Haas ble født i nærheten av Augsburg (Tyskland) i 1972. Hun studerte design ved Høgskolen i Münster og avsluttet studiene med diplom. Siden 2001 har hun illustrert barne- og ungdomsbøker. Siden 2013 har hun undervist i akryl- og digitalt maleri ved Høgskolen i Münster.

Marc Robitzky, born in 1973, studied at the Technical School of Art in Hamburg and the Academy of Visual Arts in Frankfurt. He works as a freelance illustrator and communication designer in Aschaffenburg (Germany).

Ulrich Renz ble født i Stuttgart (Tyskland) i 1960. Etter å ha studert fransk litteratur i Paris avsluttet han medisinstudiene i Lübeck og arbeidet som daglig leder i et vitenskapelig forlag. I dag er Renz forfatter. Utover fagbøker skriver han barne- og ungdomsbøker.

Liker du å tegne?

Her finner du alle bildene fra historien til å fargelegge:

www.sefa-bilingual.com/coloring

www.ingramcontent.com/pod-product-compliance
Lightning Source LLC
LaVergne TN
LVHW070443080526
838202LV00035B/2721